Das Leben Jesu

Illustrationen: Tony Morris

KARL MÜLLER VERLAG

Jesus wuchs in Nazareth auf, wo er bei Joseph und Maria lebte. Als er zwölf Jahre alt war, ging er mit ihnen zum Passah-Fest nach Jerusalem. Dort verbrachte er einige Zeit im Tempel unter den Lehrern, hörte ihnen zu und befragte sie. Die Lehrer staunten, wieviel Jesus bereits wußte.

Jesus hatte einen Vetter namens Johannes.
Als Johannes erwachsen war, verließ er seine
Heimat und ging in die Wüste nahe dem
Jordanfluß. Dort predigte er das Wort Gottes,
und bald strömten die Leute herbei, um ihm
zuzuhören und sich im Fluß taufen zu lassen.

Eines Tages ging Jesus
zum Jordan, um sich von
Johannes taufen zu lassen.
„Willst du mich taufen?"
fragte Jesus.
„Du bist der, der mich
taufen sollte", erwiderte
Johannes, der wußte, daß
Jesus der Sohn Gottes war.

Johannes taufte Jesus im Jordanfluß. Nach der Taufe ereignete sich etwas Seltsames: Der Himmel öffnete sich, und der Geist Gottes kam in Gestalt einer Taube herab. Dann hörten die anwesenden Menschen die Stimme Gottes vom Himmel sprechen: „Dieser ist mein geliebter Sohn, an dem ich Wohlgefallen habe."

Nach der Taufe wußte Jesus, daß er Gottes Werk zu vollbringen hatte. Er ließ sich in Galiläa nieder und fing dort an, den Menschen von Gott zu predigen. Als Jesus eines Tages an einem Seeufer entlangging, traf er zwei Fischer: Simon, genannt Petrus, und Andreas. Er würde bei seiner Arbeit Hilfe brauchen. Daher sagte er zu ihnen: „Weshalb kommt ihr nicht mit mir? Gemeinsam können wir dem Volk von Gott berichten." So schlossen sich Petrus und Andreas Jesus an. Jesus traf zwei weitere Fischer namens Johannes und Jakobus. Sie folgten ihm auch nach. Bald hatte Jesus zwölf Männer erwählt, die ihm bei Gottes Werk helfen sollten. Diese Männer wurden seine Jünger oder auch die zwölf Apostel genannt. Es waren Petrus (Simon), Andreas, Johannes, Jakobus, Philippus, Thomas, Bartholomäus, Matthäus, Jakobus, Thaddäus, Simon und Judas Iskariot.

Jesus zog durch ganz Galiläa, redete mit dem Volk und predigte ihm. Wo er auch hinkam, folgten ihm große Menschenmengen. Sein Ruhm verbreitete sich im ganzen Land.

Eines Tages war Jesus auf
einem Berg und predigte
einer großen Menschen-
menge. Jesus lehrte sie
vieles und erklärte ihnen,
wie sie nach Gottes Ge-
setzen leben sollten. Jesus
sagte dem Volk, die Men-
schen sollen einander lieben,
egal ob Freund oder Feind.

Jesus lehrte das Volk auch, wie es
in einfachen Worten beten könne.
Jesus sprach: „Betet, wie ich es euch sage:

Vater unser im Himmel, geheiligt werde
dein Name. Dein Reich komme. Dein Wille
geschehe, wie im Himmel, so auf Erden.
Unser tägliches Brot gib uns heute. Und
vergib uns unsere Schuld, wie auch wir
vergeben unsern Schuldigern. Und führe
uns nicht in Versuchung, sondern erlöse
uns von dem Bösen."

Das erste Gebet, das Jesus lehrte, wurde
bekannt als das Gebet des Herrn.

Jesus tat viele Dinge, die kein gewöhnlicher Mensch tun konnte. Wir nennen diese Taten „Wunder". Eines der ersten Wunder geschah bei einer Hochzeit im Ort Kana. Maria, Jesu Mutter, war auch dort. Während die Gäste feierten, ging der Wein aus. „Sie haben keinen Wein mehr", sagte Maria zu Jesus. „Kannst du ihnen helfen? Die Feier wird verdorben, und der Bräutigam und seine Familie machen sich deshalb große Sorgen."

Jesus bemerkte eine Reihe leerer Wasserkrüge. „Füllt die Krüge mit Wasser!" sprach er zu den Dienern. „Dann schöpft aus und gebt den Gästen davon." Die Diener taten, was er ihnen auftrug.

Als sie aus den Krügen schöpften, bemerkten sie, daß sie alle Becher mit Wein, nicht mit Wasser füllten. „Jedermann setzt zuerst den guten Wein vor", sagte ein Gast zum Bräutigam. „Du aber hast den guten Wein aufgehoben bis zuletzt."

Eines Tages sammelte sich eine große Menschenmenge, um Jesus in einem Haus predigen zu hören. Da kamen vier Männer, die ihren gelähmten Freund trugen, der weder gehen noch sich bewegen konnte. Sie wollten zu Jesus vordringen, fanden aber keinen Weg durch die Menge. Plötzlich sah einer der vier, wie sie zu Jesus kommen könnten. Er kletterte auf das Dach und deckte es über Jesus ab, bis ein Loch entstanden war, durch das sein kranker Freund hinuntergelassen werden konnte. Dann trugen die vier Freunde den Mann aufs Dach und ließen das Bett hinunter vor Jesu Füße.

Jesus freute sich über die vier Freunde. Sie hatten gezeigt, wie sehr sie an ihn glaubten. Dann sahen alle staunend zu, wie Jesus den Mann heilte. „Steh auf, nimm dein Bett und geh", sagte Jesus. Der Mann stand auf und ging voller Freude weg.

Nach diesem Wunder kamen die Menschen scharenweise, um Jesus zu sehen. Sie brachten ihre Familien und kranke Freunde mit. Jesus heilte viele Menschen, sogar Aussätzige, die bei allen gefürchtet waren. Eines Tages kam ein Aussätziger zu Jesus.

Die Menschen wollten nichts mit Aussätzigen zu tun haben, da sie fürchteten, sie könnten sich am Aussatz anstecken. Jesus wußte, daß Aussätzige den Tempel nicht betreten durften, und er wußte, wie sehr dieser Mann litt. Der Mann sagte: „Ich weiß, du kannst mich heilen." Und Jesus sah, daß der Mann an ihn glaubte, und er heilte ihn.

Ein anderes Mal kam ein römischer Soldat zu Jesus. Er sagte ihm, er habe zu Hause einen Diener, der schwer erkrankt sei. „Er ist ein guter und freundlicher Mann. Ich möchte nicht, daß er stirbt", sagte der Soldat.

Jesus wollte sich zu dem Kranken führen lassen, doch der Soldat sagte, daß er glaube, Jesus müsse nur ein Wort sagen, dann werde der Mann nicht sterben. Jesus war überrascht, daß der Mann so großes Vertrauen zu ihm hatte. Er sagte ihm, er solle heimkehren, und er werde den Diener dort wieder bei bester Gesundheit vorfinden.

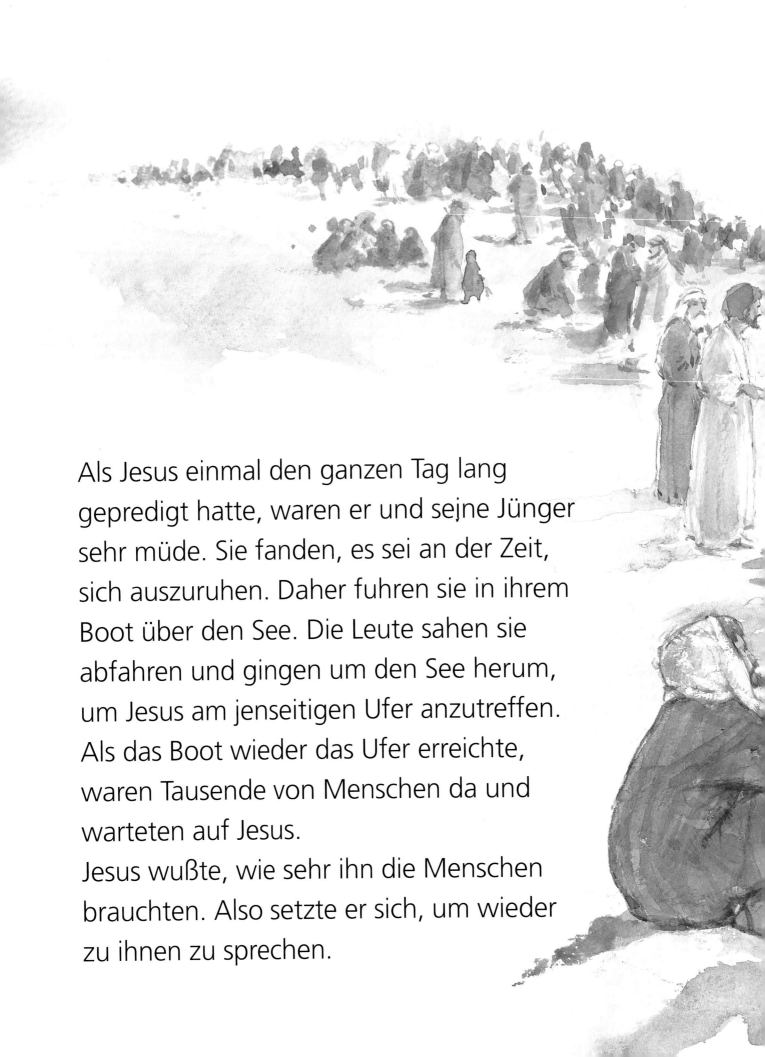

Als Jesus einmal den ganzen Tag lang
gepredigt hatte, waren er und seine Jünger
sehr müde. Sie fanden, es sei an der Zeit,
sich auszuruhen. Daher fuhren sie in ihrem
Boot über den See. Die Leute sahen sie
abfahren und gingen um den See herum,
um Jesus am jenseitigen Ufer anzutreffen.
Als das Boot wieder das Ufer erreichte,
waren Tausende von Menschen da und
warteten auf Jesus.
Jesus wußte, wie sehr ihn die Menschen
brauchten. Also setzte er sich, um wieder
zu ihnen zu sprechen.

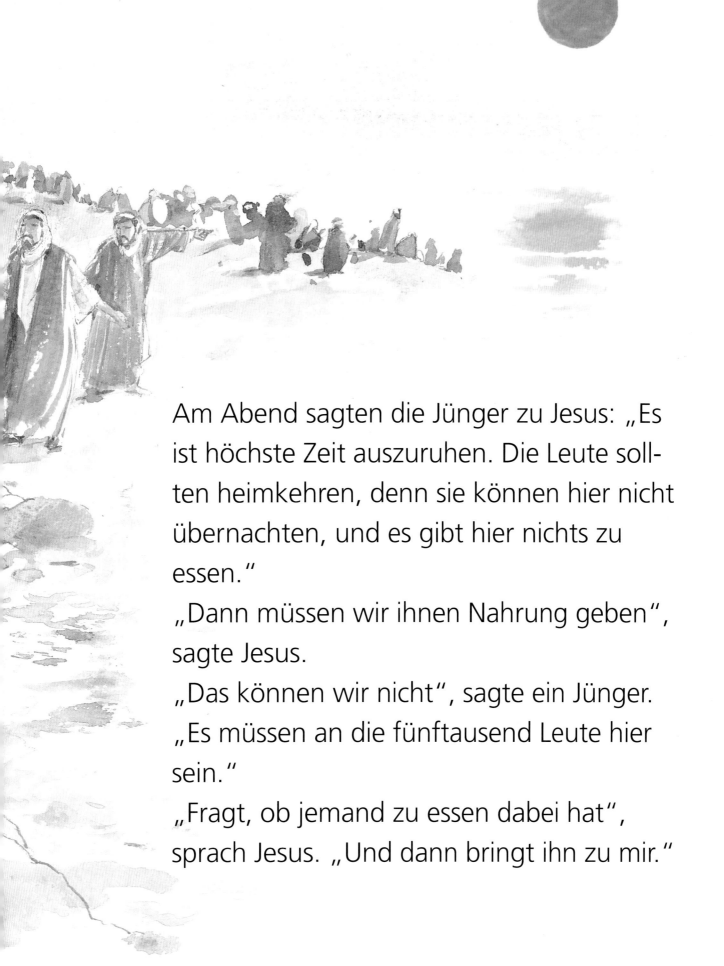

Am Abend sagten die Jünger zu Jesus: „Es ist höchste Zeit auszuruhen. Die Leute sollten heimkehren, denn sie können hier nicht übernachten, und es gibt hier nichts zu essen."

„Dann müssen wir ihnen Nahrung geben", sagte Jesus.

„Das können wir nicht", sagte ein Jünger. „Es müssen an die fünftausend Leute hier sein."

„Fragt, ob jemand zu essen dabei hat", sprach Jesus. „Und dann bringt ihn zu mir."

Nach einer kurzen Weile wurde ein Knabe zu Jesus gebracht. „Ich habe fünf Brote und zwei Fische", sagte er. „Die kannst du haben." Jesus lächelte und sagte: „Danke." Die Jünger teilten die Menge in Gruppen zu je fünfzig Personen ein. Dann hielt Jesus die Speisen hoch, so daß alle sie sehen konnten, und dankte Gott für seine Gaben.

Dann gab Jesus jedem seiner Jünger Brot und Fisch. Keiner verstand, wie das möglich war, aber immer, wenn jemand zu essen bekommen hatte, war noch etwas für den nächsten da. Jeder bekam von den fünf kleinen Broten und den zwei Fischen zu essen, und alle wurden satt.

Nachdem Jesus die Fünftausend gespeist
hatte, schickte er sie nach Hause. Dann
ging er zum Beten auf einen Berg. Die
Jünger ruderten bereits ans andere Ufer
des Sees zurück. Jesus sah
vom Berg aus, wie das
Boot gegen den Wind zu
kämpfen hatte. Er stieg
vom Berg herab, um seinen
Jüngern zu helfen.

Jesus ging über das Wasser zum Boot. Als die Jünger ihn sahen, dachten sie, sie sähen ein Gespenst. „Ich bin es!" rief Jesus. „Fürchtet euch nicht!"
„Du bist es wirklich", sagte Petrus. „Laß mich dir entgegengehen."

So begann auch Petrus, über das Wasser zu gehen. Doch der Wind war sehr stark, und Petrus begann zu versinken. „Herr, rette mich!" rief er.
Jesus streckte seine Hand aus und rettete Petrus. „Weshalb hast du an mir gezweifelt. Glaubst du nicht an mich?" fragte er. Als die beiden ins Boot stiegen, legte sich der Wind.

Allmählich glaubten immer mehr Menschen, daß Jesus der Messias, der Sohn Gottes, sei. Jesus sprach mit dem Volk und hörte ihm zu. Er antwortete auf alle Fragen, indem er Gleichnisse erzählte, die den Menschen helfen sollten, Gott besser zu verstehen. Mütter brachten ihre Kinder zu Jesus, damit er sie segnen konnte.

Die Jünger dachten, Jesus hätte zu wichtigeren Leuten zu reden als ausgerechnet zu Kindern. Aber Jesus sagte ihnen, daß für ihn niemand wichtiger sei als die Kinder. Er sagte seinen Jüngern, sie sollten die Kinder zu ihm kommen lassen, sprach mit ihnen, hob sie auf und segnete sie.

Für Jesus waren gerade die Kinder etwas ganz Besonderes.

Bald kam die Zeit des Passahfestes, des höchsten Feiertages, den alle Juden begingen. Jesus wollte zu diesem Fest nach Jerusalem gehen. Er sagte zu zwei Jüngern: „Bringt mir einen Esel, damit ich hinaufreiten kann."
Und so ritt Jesus auf dem Rücken eines kleinen Esels in die große Stadt Jerusalem.

Die Menschen jubelten ihm zu und riefen:
„Hosanna! Der Sohn Gottes ist da!"
Sie warfen von Palmen abgerissene Zweige
und Palmwedel vor Jesu Füße. Alle waren
froh darüber, daß Jesus gekommen war.

Was hier abgebildet ist, kommt in diesem Buch vor. Findet ihr heraus, auf welchen Seiten?

Jesus

Jünger

Palmblätter

Brote